Raphaële Vidaling

DA STAUNST DU!

Die französischsprachige Originalausgabe erschien 2014 unter dem Titel
Comment épater son fils bei Tana éditions

Copyright © 2014 Tana Éditions, an imprint of Édi8, Paris, France
Created by Copyright 2.0
German translation rights are arranged with Haupt Verlag
through Manuela Kerkhoff – International Licensing Agency
www.manuela-kerkhoff.de

Texte, Fotografien und Layout: Raphaële Vidaling
Fotolithografie: Peggy Huynh-Quan-Suu

Aus dem Französischen übersetzt von Waltraud Kuhlmann, D-Bad Münstereifel
Lektorat der deutschsprachigen Ausgabe: Anja Fuhrmann, D-Berlin
Satz der deutschsprachigen Ausgabe: Verlag Die Werkstatt, D-Göttingen
Umschlag der deutschsprachigen Ausgabe: Verlag Die Werkstatt, D-Göttingen

Bibliografische Information der Deutschen Nationalbibliothek
Die Deutsche Nationalbibliothek verzeichnet diese Publikation in der
Deutschen Nationalbibliografie; detaillierte bibliografische Daten sind
im Internet über http://dnb.dnb.de abrufbar.

ISBN 978-3-258-60143-4

Alle Rechte vorbehalten.
Copyright © 2016 für die deutschsprachige Ausgabe: Haupt Bern
Jede Art der Vervielfältigung ohne Genehmigung des Verlages ist unzulässig.
Printed in Malaysia

www.haupt.ch

Die durch den Transport verursachten CO₂-Emissionen wurden
durch den Kauf eines CO₂-Zertifikats kompensiert.

Raphaële Vidaling

DA STAUNST DU!

Überraschende Bastel- und
Kochideen für Kinder

Haupt Verlag

EINLEITUNG

„In jedem Kind steckt ein Künstler. Die Kunst ist es, als Erwachsener noch einer zu sein", so Picasso. Doch was ist ein Künstler? Jemand, der mit neugierigem Blick die Welt betrachtet, dessen Kreativität ihn aus einem wie auch immer beschaffenen Rohmaterial Poesie erschaffen lässt? Ja, Kinder haben dieses Talent, dieses nie endende Staunen, das sie begierig macht nach Erlebnissen, die nichts kosten, diese Bereitschaft, in ein vergängliches Projekt so viel Ernsthaftigkeit und Enthusiasmus zu stecken, als würde ihr Leben davon abhängen: Seifenblasen oder Papierflieger produzieren, ein Ziehtier mit einem ferngesteuerten Motor versehen oder einer Puppe ein Blütenblätterröckchen umbinden ... Spielen bedeutet zu erfinden, auszuprobieren, durch das konkret Erlebte seine Fantasie zu beflügeln. Und schließlich auch erwachsen zu werden. Bisweilen verliert man aber diese Offenheit. Man wirft Korken weg, ohne darin Räder zu sehen, auf dem Gehsteig sammelt man keine Federn mehr. Mitunter vergisst man sogar, aus seinem Püree einen Vulkan zu formen. Und das will schon was heißen! Es sei denn, man hat das Glück, selbst Kinder zu haben, die einen daran erinnern, das Wichtigste nicht zu vergessen, nämlich das Spiel, die Fantasie, und dass es nur Kleinigkeiten braucht, um etwas Schönes zu schaffen.

Dieses Buch ist für Eltern, in denen immer noch das Spielkind steckt und die ihrem Kind außer „putz dir die Zähne" und „bedank dich bei der Frau" noch folgenden wesentlichen Grundsatz vermitteln wollen: „Verliere nie den Blick für das Besondere im Gewöhnlichen!"

INHALT

5. Einleitung

9. GEMEINSAM BASTELN UND WERKEN

10. **HANDRELIEF** als supereinfache Zeichnung
12. **MÄNNLEIN** aus gekeimten Kartoffeln
14. **STERNSCHACHTEL** aus einer Cola-Flasche
16. **FUNDSTÜCKE VON SPAZIERGÄNGEN** auf Fotos festhalten
18. **BABYFOTOS IM COMICSTIL** – auf dem Geschwisterchen zeichnen
20. **KUNST DES KOKEDAMA** – hängende Gärten im japanischen Stil
22. **ABC-SETZKASTEN** aus Joghurtbechern
24. **EISKUGELN**, die man von innen beleuchten kann

29. DEKO UND ANDERE KLEINE KOSTBARKEITEN

30. **DAS GEHEIMNISVOLLE TÜRCHEN**, hinter dem sich die Steckdose verbirgt
32. **FLIEGENDER FISCH** aus keimender Zwiebel
34. **BUCHVERSTECK** aus der Zeit der wahren Schätze
36. **ERDNUSSGEWEIH** für vegetarische Trophäensammler
38. **BROKKOLI-BAUMHAUS**
40. **HAIFISCHFEDERMÄPPCHEN** mit Stahlzähnen
42. **MINIATURSTÜHLE** aus Drahtkörbchen von Sektkorken
44. **SCHLAGZEUG** aus kleinen Konservendosen
46. **TRAUMFÄNGER** mit persönlicher Note
48. **ÜBERRASCHUNGSDOSEN IM DOPPEL** – verkleidete Konserven / Pralinenschachtel ohne Pralinen
50. **GESPENST** aus gestärktem Mull

55. ZUM SPIELEN

56. **SCHLANGENMENSCH-MUMIE**
58. **BAUMHAUS** aus Karton
60. **BUNTE MADELEINES** aus Wachsmalstiftresten
64. **INDIANERTIPI** aus einem alten Bettlaken

66. PRÄHISTORISCHER RING AUS EIS
68. RAKETENBALLON mit geheimen Botschaften
70. HÄUSCHEN UNTERM TISCH aus einer Papiertischdecke
72. ZWERGENHAUS aus einer Pampelmuse
74. MÖLKKY®-SPIEL, ein Zwischending aus Kegeln und Boule
76. KATAPULT aus Eisstielen
78. DSCHUNGELHÖHLE aus Kartons und Felsenpapier

83. EXPERIMENTE UND ZAUBEREIEN

84. KRATERLANDSCHAFT DES KLEINEN CHEMIKERS – Experiment mit Natriumbikarbonat
86. SEIFENEISBERG aus der Mikrowelle
88. ZAUBERKARUSSELL aus schwebenden Streichhölzern
90. FEUER, DAS WASSER TRINKT oder das Experiment mit dem versunkenen Schatz
92. KUNSTSCHNEE aus Rasierschaum und Maisstärke
96. BESSER ALS KERZEN für einen Geburtstagskuchen
98. DAS EXPERIMENT MIT DEM KOHL, der sich verfärbt
100. WIE MAN EIGELB UND EIWEISS mithilfe einer Flasche trennt
102. CLEMENTINENKERZE ohne Docht, ohne Wachs, aber mit Duft

105. UND ESSEN KANN MAN'S AUCH NOCH!

106. PLAYMOBIL®-EISLUTSCHER mit Hand und Fuß
108. PFANNKUCHEN MIT HONIG ... und Bienen
110. SCHOKOCROISSANTS in fünf Minuten gerollt
112. COCKTAILDEKO AUS APFELSCHNITZEN – Happy Hour für Dreikäsehochs
114. KLÖSSCHENWALD mit Überraschungsfüllungen
116. CRACKERLANDSCHAFT zum Selber-Zerbrechen
118. KÄSELUTSCHER garantiert zuckerfrei
120. MOBILE AUS KÄSESPITZE, das man ohne Anfassen isst
122. FAMILIE BABYBEL® oder essbare Kunstwerke
124. EXPERIMENT mit Spaghettiwürstchen
126. KUCHENBURG als Schokovariante
128. MONDKUCHEN mit Litschi-Kratern
130. LAGERFEUERKUCHEN mit Mäusespeck-Glut
132. KARAMELLKÄFIGE als Kuchengarnitur
134. KUCHENBERG mit Bergsteigern
138. MONDPHASEN aus gefüllten Keksen

142. Stichwortverzeichnis

Gemeinsam basteln und werken

HANDRELIEF
ALS SUPEREINFACHE ZEICHNUNG

MATERIAL
EIN BLATT PAPIER
BLEISTIFT
RADIERGUMMI
FILZSTIFTE

UND SO WIRD'S GEMACHT

1. Die Hand auf das Papier legen und mit Bleistift ringsum die Handkontur nachzeichnen.
2. Mit Filzstift an beliebiger Stelle auf dem Blatt eine horizontale Linie zeichnen, bis sie auf die Bleistiftkontur trifft. Nun die Filzstiftlinie jeweils innerhalb der Kontur (Finger bzw. Handrücken) leicht bogenförmig und außerhalb der Kontur gerade weiterziehen.
3. Parallel zu dieser Filzstiftlinie weitere Linien in den verschiedensten Farben zeichnen, bis das Blatt voll ist.
4. Nachdem die Bleistiftkontur ausradiert ist, erscheint die Hand als Relief.

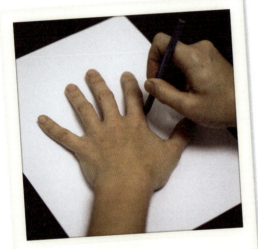

Die Handkontur zeichnen.

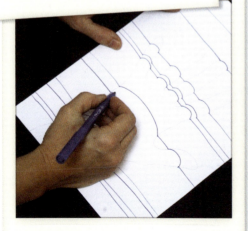

Innerhalb der Handkontur werden die Linien bogenförmig gezeichnet.

MÄNNLEIN
AUS GEKEIMTEN KARTOFFELN

MATERIAL
GEKEIMTE KARTOFFELN
WEISSER KORREKTURSTIFT
SCHWARZER FILZSTIFT
STREICHHÖLZER

UND SO WIRD'S GEMACHT

1. Mit dem Korrekturstift die Augen und die Münder auf die Kartoffeln zeichnen.
2. Ist das Gemalte trocken, die schwarzen Details ergänzen.
3. Streichhölzer als Beine hineinstecken.

STERNSCHACHTEL
AUS EINER COLA-FLASCHE

UND SO WIRD'S GEMACHT

1. Die Flasche mit dem Cutter direkt unterhalb des Etiketts in zwei Teile schneiden.
2. Mit der Schere in jede zweite Rille insgesamt fünf vertikale Kerben bis zur Flascheneinbuchtung schneiden.
3. Diese fünf Streifen blattförmig zuschneiden. Ein Blatt nach innen falten und die Knickstelle kräftig ausprägen. Bei den anderen vier Blättern in der gleichen Weise verfahren – fertig ist die Schachtel!
4. Um die Schachteloberfläche zu verzieren, braucht man sie nur mit Tapetenkleister einzupinseln und das Papier darauf zu kleben.

MATERIAL

2-L-COLA-PET-FLASCHE
CUTTER
SCHERE
TAPETENKLEISTER
LEIMPINSEL
SEIDENPAPIER ODER PAPIERSERVIETTE

Das hält von selbst wie durch Zauberhand!

Die offene Schachtel kann auch als Vase dienen.

Kinder können ihre Schachtel mit Papierschnipseln selbst verzieren.

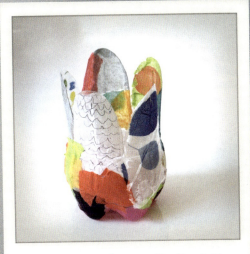

Man verwendet von der Serviette nur die bedruckte oberste Schicht.

Fundstücke von Spaziergängen
auf Fotos festhalten

MATERIAL
FÜSSE ZUM LAUFEN
HÄNDE ZUM SAMMELN
AUGEN ZUM SEHEN
FOTOAPPARAT

UND SO WIRD'S GEMACHT
1. Spazierengehen. Kleine Fundstücke aufsammeln.
2. Sorgfältig arrangieren, bis sich ein harmonisches Bild ergibt.
3. Das Arrangement fotografieren und weitergehen.

Babyfotos im Comicstil
auf dem Geschwisterchen zeichnen

MATERIAL
BABY
WEISSES BETTLAKEN
FOTOAPPARAT
DRUCKER
SCHWARZER FILZSTIFT

UND SO WIRD'S GEMACHT

1 Das gut gelaunte oder schlafende Baby auf ein weißes Bettlaken legen.
2 Das Baby in Ganzaufnahme in unterschiedlichen Posen fotografieren.
3 Anschließend die Fotos ausdrucken lassen.
4 Mit dem Filzstift auf den Fotos zeichnen.

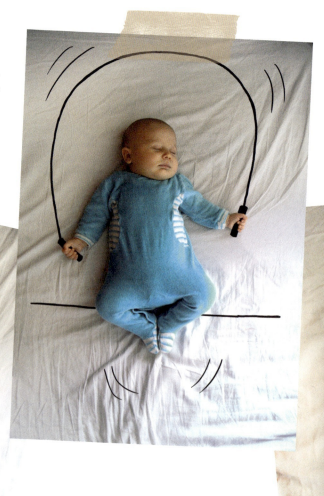

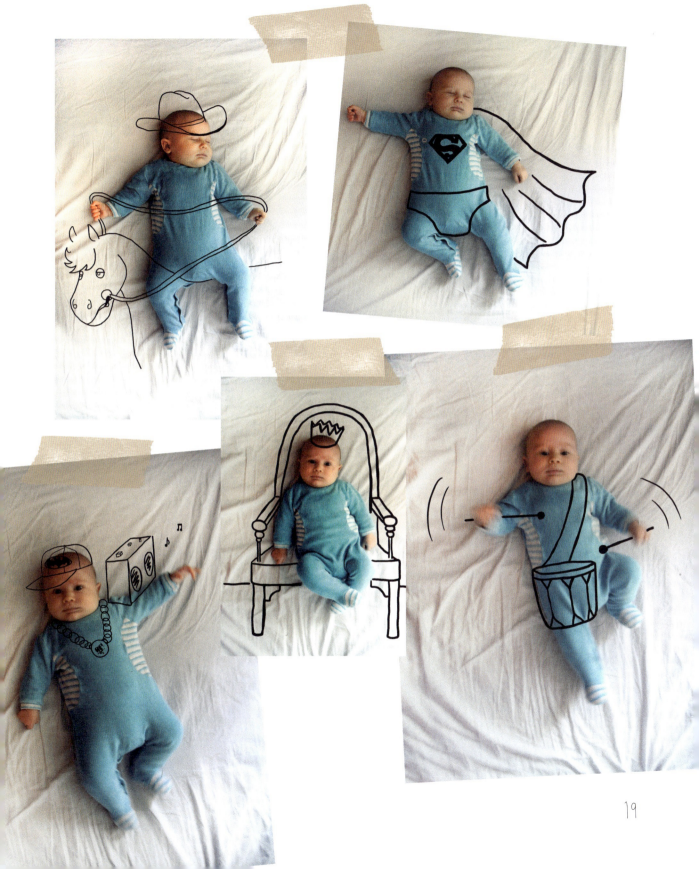

KUNST DES KOKEDAMA
HÄNGENDE GÄRTEN IM JAPANISCHEN STIL
苔玉

Selbst ein einfaches Gänseblümchen kann im Zimmer aufgehängt zum UFO werden.

UND SO WIRD'S GEMACHT

1. Den Lehm zum Aufweichen einige Stunden wässern.
2. In dieser Zeit bei einem Spaziergang kleine Pflänzchen ausgraben und wild wachsendes Moos sammeln.
3. In der Wanne ein Drittel Lehm, ein Drittel Blumenerde und ein Drittel Torfmoos mischen, sodass eine glatte, modellierbare Masse entsteht.
4. Vorsichtig die Wurzeln des ausgesuchten Pflänzchens freilegen.
5. Die Masse um die Wurzeln herum zu einer Kugel formen und die Kugel mit Moos umwickeln.
6. Die Kugel ringsum mit Schnur umwickeln und die Schnur zum Schluss verknoten.
7. Den Draht an der Schnur befestigen oder so durch die Kugel stecken, dass sie daran aufgehängt werden kann. Die Pflanze von Zeit zu Zeit gießen oder in Wasser tauchen.

MATERIAL
- KLEINE PFLANZE
- MODELLIERLEHM
- BLUMENERDE
- TORFMOOS (ODER MIT TORFMOOS VERMISCHTE BLUMENERDE AUS DER ORCHIDEENABTEILUNG)
- MOOS AUS DEM WALD
- WANNE
- STARKE SCHWARZE SCHNUR
- DÜNNER DRAHT

Nur ein kleines Figürchen, und schon wähnt man sich auf einem der Planeten des Kleinen Prinzen.

ABC-SETZKASTEN
AUS JOGHURTBECHERN

Rückansicht: Eine feine, witzige Bastelarbeit, die man gut zu zweit machen kann und die nichts kostet.

UND SO WIRD'S GEMACHT

1. Mit einem Stift die Positionen der einzelnen Becher auf den Kartons anzeichnen.
2. Die Löcher mit dem Cutter ausschneiden.
3. Die Becher durch die Löcher schieben und an ihrem Rand auf den Karton kleben.
4. Die Buchstaben mit dem weißen Textmarker auf den Karton schreiben.
5. In die Fächer kleine Objekte setzen, deren Anfangsbuchstabe dem jeweiligen Buchstaben entspricht.

MATERIAL

26 JOGHURTBECHER (ODER ANDERE BEHÄLTNISSE MIT RAND)
KARTONS
STIFT
CUTTER
KLEBSTOFF
WEISSER TEXTMARKER

Hier lernt man
im Handumdrehen
das Schreiben ...
und das Aufräumen!

Da die Originalausgabe in französischer Sprache erschienen ist, stimmen einige Buchstabenzuordnungen im Deutschen nicht.

EISKUGELN,
DIE MAN VON INNEN BELEUCHTEN KANN

MATERIAL
LUFTBALLONS
WASSER
TEELICHTER

UND SO WIRD'S GEMACHT

1. Die Öffnung eines Luftballons über den Küchenwasserhahn stülpen und den Ballon mit Wasser füllen. Den Ballon an der Öffnung verknoten.
2. Über Nacht im Gefrierschrank aufbewahren.
3. Ist das Eis gefroren, den Ballon aus dem Gefrierschrank nehmen: Nach einer Nacht sollte der Kugelkern noch flüssig sein. Den Ballon zerschneiden und das Wasser ausgießen.
4. Eine wunderschöne lichtdurchlässige Kugel ist entstanden. Man muss nur noch ein Teelicht in die Mitte setzen.

Bei Einbruch der Dunkelheit
haben die Lichtkugeln ihren Auftritt.

Im Winter,
wenn es so richtig kalt ist,
kann man mit diesen Lichtkugeln
im Garten eine Allee beleuchten.

Man kann die Kugeln wieder einfrieren, um sie später erneut zu verwenden, sie sind dann aber nicht mehr so transparent wie beim ersten Mal.

Tipp:
Kleine Luftballons verwenden, damit möglichst viele ins Gefrierfach passen.

Deko
und andere kleine Kostbarkeiten

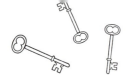

DAS GEHEIMNISVOLLE TÜRCHEN,
HINTER DEM SICH DIE STECKDOSE VERBIRGT

MATERIAL
LEICHTSCHAUMPLATTE (IN DER STÄRKE DES STECKDOSENÜBERSTANDS)
EIN STÜCK DÜNNER KARTON
EIN STÜCK STOFF
EINE KLEINE OBSTKISTE
KLEBSTOFF
SCHERE
MUSTERBEUTELKLAMMER
SCHNUR
BEIZE
BOHRER MIT FEINEM BOHREINSATZ
STARKES DOPPELSEITIGES KLEBEBAND

UND SO WIRD'S GEMACHT

1 Die Türform aus der Leichtschaumplatte zweimal und aus dem dünnen Karton einmal zuschneiden.

2 In der Größe der Steckdose in eine der beiden Leichtschaumtürblätter eine quadratische Öffnung sowie in das Türblatt aus Karton ein rundes oder quadratisches Loch in der Größe des Steckers schneiden. Das Kartontürblatt auf das mit der Öffnung versehene Leichtschaumtürblatt kleben.

3 Als Türscharnier kommt ein zwischen die Türen geklebtes Stoffstück zum Einsatz.

4 Mit der Schere das Holz der Obstkiste in Streifen schneiden und diese wie unten gezeigt auf beide Türenteile kleben.

5 Die vordere Tür durchbohren und dort die Musterbeutelklammer als Türklinke befestigen.

6 Für die Stufen kleine Streifen aus der Obstkiste schneiden. Sämtliche Enden der Streifen durchbohren und rechts und links je ein Stück Schnur durch die Löcher fädeln. Die Schnur unter jeder Stufe verknoten.

Beispiel einer Holztür mit Scharnieren und Treppe aus Obstkistenstreifen.

7 In der Breite der Tür ein kleines Podest zuschneiden. Zum Befestigen der Sprossenleiter Löcher in das Podest bohren und das Podest an die Türkonstruktion kleben.

8 Das Holz nach Belieben beizen (man kann auch verdünnte Farbe, Lasur, Walnusstinktur, Schuhcreme… verwenden).

9 Die Tür mit einem Stück doppelseitigem Klebeband an die Wand kleben.

Fliegender Fisch
aus keimender Zwiebel

MATERIAL
EINE AUSTREIBENDE ZWIEBEL
FINELINER
WEISSER KORREKTURSTIFT
ZAHNSTOCHER
STARKES GARN
PERLE
KLEBEBAND

UND SO WIRD'S GEMACHT

1. Augen und Schuppen mit Korrekturstift und Fineliner auf die Zwiebel malen.
2. Die Zwiebel mit dem Zahnstocher quer durchstechen und durch dieses Bohrloch den Faden fädeln (dazu kann man das Fadenende mit einem Stückchen Klebeband an den Zahnstocher kleben). Auf das untere Fadenende die Perle fädeln, verknoten und zum Fischbauch ziehen.
3. Den Fisch als Mobile aufhängen. Der Schwanz des hängenden Fisches wird weiter wachsen.

BUCHVERSTECK
AUS DER ZEIT DER WAHREN SCHÄTZE

UND SO WIRD'S GEMACHT

1 Damit das Geheimfach tief genug wird, klebt man zwei Bücher aufeinander. Die Bücher jedoch nicht zu gerade ausrichten, damit der Stapel natürlich wirkt. Man beginnt mit dem kleineren Buch, das oben zu liegen kommt: Auf dessen hinterem Buchdeckel die Position des Ausschnitts anzeichnen und diesen mit dem Cutter ausschneiden.

2 Den Schnitt im Buchblock fortsetzen, jedoch nicht die oberen Seiten durchschneiden.

3 Das kleinere Buch auf das große legen und den Umriss des Ausschnitts markieren. Zunächst in den Deckel des großen Buches das Loch schneiden, anschließend in den Buchblock.

4 Die beiden Bücher zusammenkleben. Dann einen Kartonstreifen rings um die Ausschnittwandung kleben. Die Wandung mit Schmuckpapier beziehen.

MATERIAL
ZWEI ALTE BÜCHER
BLEISTIFT
CUTTER
LINEAL
DÜNNER KARTON
SCHMUCKPAPIER
KLEBSTOFF

ERDNUSSGEWEIH
FÜR VEGETARISCHE TROPHÄENSAMMLER

MATERIAL
KLEINER HOLZSTAMM
SÄGE
ERDNÜSSE
MESSER
KLEBSTOFF
FILZSTIFTE
NAGEL
HAMMER
ETWAS DRAHT

UND SO WIRD'S GEMACHT

1. Von dem Holzstamm eine dünne Baumscheibe absägen. Aus dem Draht eine kleine Schlaufe formen und auf die Rückseite nageln, um die fertige Trophäe an die Wand hängen zu können.
2. Eine Erdnuss aussuchen, deren Form am ehesten einem Rentierkopf ähnelt. Die Erdnuss mit dem Messer halbieren und nur eine Schalenhälfte behalten. Vielleicht sind mehrere Versuche nötig…
3. Augen und Maul auf die Schalenhälfte malen.
4. Den Rentierkopf auf die Baumscheibe kleben.
5. Mit Filzstift Geweih und Ohren auf das Holz malen.
6. Die Trophäe über den Kamin oder das Bett hängen.

BROKKOLI-BAUMHAUS

MATERIAL
ZWEI BROKKOLI (EIN GANZER MIT KOPF + EIN STRUNK)
OBSTSTIEGE
KLEBSTOFF AUS DER TUBE
HOLZSPIESSE
ZAHNSTOCHER
SCHNUR
SCHERE
HANDBOHRER
MESSER

UND SO WIRD'S GEMACHT

1. Mit der Schere aus einer Stiegenlatte die Terrassenform so zuschneiden, dass sie sich an den Baumstamm schmiegt. Als Terrassenträger Zahnstocher in den Strunk stecken.

2. Löcher in die Terrasse bohren und dort hinein kleine Pfosten aus Zahnstochern stecken. Schnur um die Pfosten flechten, sodass ein Geländer entsteht.

3. Schmale Lattenstreifen aus der Obststiege schneiden und daraus die drei Hauswände (mit Türen und Fenstern) bauen. Vertikale Stützpfeiler darauf kleben. Die Konstruktion auf die Terrasse kleben. Das Dach aufkleben und mit ebenfalls aus Latten bestehenden Dachziegeln decken.

4. Ein Podest aus Latten zuschneiden und an drei Stellen durchbohren. Nun den ganzen Brokkolikopf auf dem umgedrehten Strunk des zweiten Brokkolis befestigen. Dazu das Podest dazwischen legen und drei Holzspießstücke durch die Löcher in die Strünke stecken. Terrassenpfeiler aus Holzspießen ergänzen (nur zu dekorativen Zwecken).

5. An einem Ende spitz zulaufende Stufen zuschneiden. Schlitze in den Baumstamm schneiden und die Stufen hineinstecken.

Figürchen aus Musterbeutelklammern und Bambus.

Terrasse, Podest und Wendeltreppe sind montiert.

Das Baumhaus hat nur drei Seiten. Es ist von der Form her so konzipiert, dass es sich an den Baumstamm schmiegt.

Tipp:
Um einen hohen Baumstamm zu erhalten, setzt man zwei Brokkolistrünke zusammen, wobei der untere umgedreht wird.

HAIFISCHFEDERMÄPPCHEN
MIT STAHLZÄHNEN

MATERIAL
20 × 150 CM STOFF
STOFFRESTE FÜR DAS FUTTER
15 CM LANGER METALLREISSVERSCHLUSS
AUGEN (KNÖPFE ODER ZUM AUFKLEBEN)
NÄHMASCHINE
NADEL UND FADEN
SCHERE
SILBERMETALLIC-FILZSTIFT (NACH WUNSCH)

UND SO WIRD'S GEMACHT

1. Für die Teile gemäß der Vorlage rechts ein Schnittmuster erstellen und aus Ober- und Futterstoff zuschneiden. Für das Futter sind lediglich das Bauchteil und zwei Rückenteile erforderlich.
2. Die Augen aufnähen oder aufkleben. Die Kiemen aufsticken oder mit dem Silbermetallic-Filzstift aufmalen.
3. Die Teile paarweise rechts auf rechts zu Schwimm- und Rückenflossen und zur Schwanzflosse zusammennähen.
4. Die beiden Rückenteile rechts auf rechts mit in die Rückenmitte zwischengefasster Rückenflosse zusammennähen. Das Schwanzende auf das entsprechende Bauchteil nähen, das Teil nicht verstürzen.
5. Jeweils an der Schmalseite von Rücken und Bauch den Reißverschluss einnähen.
6. Bis zur Schwanzflosse die Seiten schließen, dabei die Schwimmflossen mitfassen.
7. Die Arbeit verstürzen und die (etwa 3 cm breite) Verbindung zwischen Schwanz und Rücken von Hand schließen.
8. Die drei Teile des Futters zu einem Säckchen zusammennähen und von Hand innen an der Reißverschlusskante einnähen.

Tipp:
Wer Nähanfänger ist, kauft für wenig Geld ein kleines Stofftier, nimmt die Füllung heraus und näht einen Reißverschluss ein...

MINIATURSTÜHLE
Aus Drahtkörbchen von Sektkorken

UND SO WIRD'S GEMACHT

1 Mit der Spitzzange die vier Streben vom Drahtring unterhalb des Korkens lösen. Daraus werden die Stuhlbeine geformt.

2 Aus dem freigelegten Draht eine Rückenlehne formen.

3 Dazu die beiden Enden an den hinteren Stuhlbeinen befestigen. Weitere Stühle in der gleichen Weise anfertigen, dabei unterschiedliche Rückenlehnenformen kreieren.

MATERIAL
KORKEN MIT METALLKAPPE UND DRAHTKÖRBCHEN (CHAMPAGNER, KINDERSEKT, CIDRE USW.)
SPITZZANGE

Sesselvariante mit Armlehnen.

Grund genug, eine kleine Sammlung zur Erinnerung an schöne Feste zu beginnen.

43

SCHLAGZEUG
AUS KLEINEN KONSERVENDOSEN

MATERIAL
ZWEI KLEINE TOMATENMARKDOSEN
ETWAS GRÖSSERE KONSERVENDOSE (MAIS ...)
MITTELGROSSE FLACHE DOSE (THUNFISCH ...)
KLEINE ZYLINDERFÖRMIGE DOSE (OLIVEN ...)
DRAHT
DOSENÖFFNER
ZANGE
NAGEL
HAMMER

UND SO WIRD'S GEMACHT

1. Sämtliche Dosen öffnen, leeren, ausspülen und abtrocknen.
2. Mit Nagel und Hammer in die drei kleinsten Deckel jeweils mittig ein Loch schlagen.
3. Mithilfe der Zange doppelt genommenen Draht verdrillen und daraus Beine herstellen.
4. Die Dosen auf ihre Ständer setzen und die durchbohrten Becken auf die Stangen der Stative piksen.

Ein Stativ bauen: Man verdrillt die Schlaufen und wickelt die Enden um die Stange.

TRAUMFÄNGER
MIT PERSÖNLICHER NOTE

UND SO WIRD'S GEMACHT

1. Den Zweig zu einem Reifen formen und mit dünnem Draht zusammenbinden.
2. Die Schnur an einer beliebigen Stelle am Reifen festknoten und in großen Wicklungen um den Reifen führen. Das Schnurende am Ausgangspunkt verknoten.
3. Ein weiteres Stück Schnur in der Mitte eines Segments der ersten Schnur verknoten, dann in der Mitte des zweiten Segments und so weiter knoten, bis man wieder am Ausgangspunkt ankommt.
4. In der gleichen Weise mit weiteren, jeweils immer kürzeren Schnüren bis zur Mitte arbeiten. Dort die große Perle befestigen.
5. Die kleinen Gegenstände mit Garn an das untere Ende des Traumfängers binden: Die Anhänger sind es, die aus dem Objekt einen Talisman machen.
6. Nun muss der Traumfänger nur noch über das Bett gehängt werden, damit sich die Albträume nach indianischer Legende im Netz verfangen und im ersten Dämmerlicht verbrennen.

MATERIAL

BIEGSAMER, DÜNNER ZWEIG
DÜNNER DRAHT
SCHNUR
GARN
GROSSE PERLE
KLEINE PERSÖNLICHE LIEBLINGSOBJEKTE

Schritt 3: Der Anfang der zweiten Schnur wird an die Wicklung der ersten Schnur geknotet.

ÜBERRASCHUNGSDOSEN IM DOPPEL
✦ VERKLEIDETE KONSERVEN ✦

MATERIAL
EINE DOSE SAUERKRAUT
EINE DOSE BOHNEN
PAPIER
SCHERE
STIFT
KLEBEBAND

UND SO WIRD'S GEMACHT

1 Die Dosenetiketten entfernen und als Vorlagen auf das Papier legen. Den Etikettenumriss auf das Papier zeichnen und die beiden Streifen ausschneiden.

2 Auf jeden Streifen ein von der Größe her passendes Gesicht malen.

3 Die Banderolen um die Dosen legen und mit Klebeband zusammenhalten. Die Dosen öffnen.

✸ PRALINENSCHACHTEL OHNE PRALINEN ✸

MATERIAL
LEERE PRALINENSCHACHTEL
MÜNZEN UND GELDSCHEINE

UND SO WIRD'S GEMACHT
1. Die Münzen und gefalteten Geldscheine auf die Pralinenförmchen verteilen.
2. Die Schachtel wieder schließen, als wäre nichts geschehen und als Geschenk nett verpacken.

GESPENST
AUS GESTÄRKTEM MULL

Ein Luftballon für das große Gespenst, eine Clementine für das kleine.

Die beiden großzügig mit Sprühstärke eingesprühten Gespenster trocknen gerade.

MATERIAL
WINDELMULL
SPRÜHSTÄRKE (IM SUPERMARKT IN DER WASCHMITTELABTEILUNG)
LUFTBALLON
LEERE FLASCHE
DRAHT
ZWEI DUNKLE, LEICHTE PERLEN
GARN
NADEL

UND SO WIRD'S GEMACHT

1 Das Gespenstergerüst herstellen. Dazu den Luftballon auf die Flasche legen und Arme aus Draht biegen und montieren.

2 Den Windelmull über dem Gerüst drapieren. Den Mull vorher eventuell anfeuchten, damit er fließender fällt.

3 Den Mull großzügig von allen Seiten mit Sprühstärke besprühen. Über Nacht an einem warmen Ort trocknen lassen.

4 Das Gespenst vorsichtig vom Gerüst lösen und Perlen als Augen aufnähen (man kann auch Knöpfe aufnähen oder einfach nur schwarze Punkte aufkleben).

53

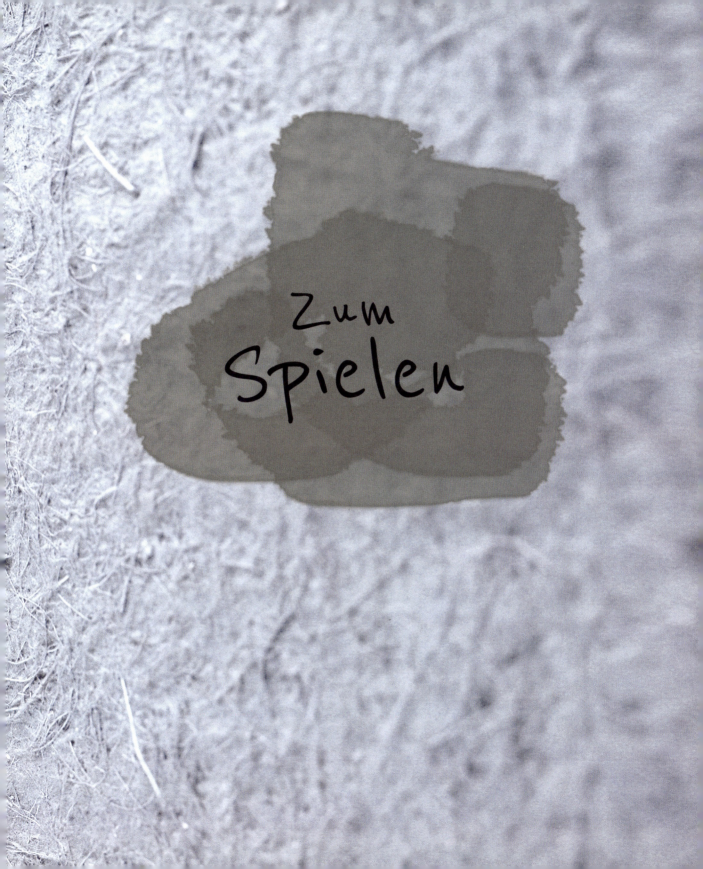

SCHLANGENMENSCH-MUMIE

MATERIAL
ELEKTROKABEL
(ODER DRAHT)
SEITENSCHNEIDER
DÜNNER, WEISSER STOFF
SCHERE

UND SO WIRD'S GEMACHT

1. Aus Elektrokabel (oder Draht) eine Figur formen.
2. Den weißen Stoff in schmale Bändchen reißen: Dazu den Stoff an der Kante mit der Schere kurz einschneiden und mit beiden Händen auseinanderreißen.
3. Die Bändchen aneinanderbinden und die Figur damit umwickeln.
4. Mit den verschiedensten Sitzpositionen und Körperhaltungen spielerisch experimentieren.

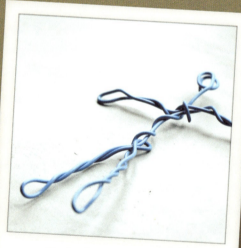

Einfaches Basismodell mit verdrillten Gliedmaßen.

BAUMHAUS AUS KARTON

MATERIAL
KARTON
CUTTER UND SCHERE
STIFT
KLEBSTOFF
SCHNUR
EIN STÜCK NETZ (Z.B. VON EINEM KARTOFFELNETZ)

Die Zuschnitte lassen sich sehr leicht zusammensetzen.

UND SO WIRD'S GEMACHT

1 Drei 60 cm hohe und etwa 15 cm breite Baumstämme zuschneiden. Zwei Scheiben von 40 cm Durchmesser für die Geschosse, eine Scheibe von 45 cm Durchmesser als Grundplatte und eine Scheibe von 70 cm Durchmesser für das Dach zuschneiden. Aus dem restlichen Karton die Aussichtsplattform (etwa 25 cm Durchmesser), das Laub für das Dach und die übrigen Zubehörteile zuschneiden.

2 In beide Geschosse Löcher und in ein Geschoss einen Treppendurchbruch schneiden. In den Plattformrand Rundungen schneiden.

3 In jeden Baumstamm in einem und zwei Dritteln Höhe 6 cm lange Schlitze einschneiden.

4 Auf dem Kreisumfang der Geschosse drei abstandsgleiche Punkte markieren und die Geschosse an diesen Stellen 8 cm tief in Richtung Mitte einschneiden. Ausprobieren, ob die Geschosse richtig in die Baumstämme passen und die Schlitztiefe eventuell anpassen.

5 Aus Karton die Leiter, die Treppe, die Rutsche und die Röhre sowie aus Schnur eine Strickleiter anfertigen. Alle Teile zusammenbauen.

6 Kartonstücke als Laub zuschneiden und auf das Dach kleben. Das Dach auf die Baumstämme setzen und das Netz als Hängematte am Dach befestigen. Die Konstruktion auf die Bodenplatte stellen und festkleben. Figuren aus der Playmobil®-Sammlung als Mieter einziehen lassen.

Wer im Kinderzimmer keinen Platz für eine Rutsche hat, bastelt eine fürs Baumhaus.

BUNTE MADELEINES
AUS WACHSMALSTIFTRESTEN

UND SO WIRD'S GEMACHT

1. Von den Wachsmalstiften die Banderolen entfernen. Die Stifte in Stückchen brechen und auf die Silikonförmchen verteilen.
2. Im Backofen bei 150 °C fünf Minuten lang schmelzen lassen. Eventuell die Backzeit verlängern.
3. Die Förmchen aus dem Ofen nehmen. Mit einem spitzen Gegenstand kann man die verschiedenfarbigen, flüssigen Wachssorten vermischen, das Wachs erstarrt jedoch sehr rasch. Die Madeleines abkühlen lassen, aus den Förmchen nehmen und malen…

MATERIAL

WACHSMALSTIFTRESTE
SILIKONFÖRMCHEN

All die Wachsmalstiftreste, die Platz wegnehmen, lassen sich so verwerten.

Die geschmolzenen Farben verlaufen und halten schöne Überraschungen bereit.

Und man malt mit mehreren Farben gleichzeitig.

INDIANERTIPI
AUS EINEM ALTEN BETTLAKEN

Achtung, nach dem Tipi verlangen die Rothäute bestimmt nach einem Indianerkostüm.

Und ist das Tipi schön geworden, kann man auch Squaws einladen.

MATERIAL
ALTES BETTLAKEN FÜR EIN EINZELBETT
ETWA 70 × 70 CM WILDLEDERIMITAT
SECHS 250 CM LANGE BAMBUSSTANGEN
NEUN HOLZSTÄBCHEN (ODER HOLZSPIESSE)
DRAHT UND SCHNUR
SCHNEIDERSCHERE
GARN UND NÄHMASCHINE

UND SO WIRD'S GEMACHT

1 Aus dem Bettlaken gemäß dem Schnittmuster fünf große und zwei kleine Dreiecke (für die Vorderseite) zuschneiden. Bei diesem Schnittplan braucht man weder die Unterkante noch die Längskanten der beiden Vorderseitenteile zu säumen.

2 Alle Dreiecke zu einer Tipi-Plane zusammennähen (dabei die Nähte 5 cm unterhalb der Oberkante enden lassen). Die beiden Vorderseitenteile nur zum Teil zusammennähen (die untere Hälfte und 30 cm bis zur Oberkante offen lassen). Auf die geschlossene Naht das Wildlederimitat nähen. Löcher einarbeiten und die Holzstäbchen durchfädeln.

3 Jeweils am unteren Ende der die Dreiecksseiten verbindenden Naht auf der Tipi-Innenseite aus Wildlederimitat eine kleine Tasche nähen. Dort hinein werden die Bambusstangen gesteckt.

4 An der Spitze des Tipis zwei Dreiecke aus Wildlederimitat anbringen, rundherum säumen, mittig einen vertikalen Schlitz belassen und zwei Drähte in den Saum fädeln. Mit den aus dem Schlitz heraustretenden Drähten werden die Plane an den gekreuzten und mit Schnur zusammengebundenen Bambusstangen befestigt sowie die beliebig ausrichtbaren Dreiecke versteift.

PRÄHISTORISCHER RING AUS EIS

MATERIAL
PLASTIKTIERE
KRANZFORM
WASSER

In jedem Kind schlummert ein Archäologe. Vor allem, wenn es darum geht, das Eis kaputt zu schlagen!

UND SO WIRD'S GEMACHT

1. Die Tiere in der Form verteilen.
2. Die Form bis knapp unter den Rand mit Wasser füllen.
3. Über Nacht in den Gefrierschrank stellen und gefrieren lassen.
4. Den Eiskranz aus der Form nehmen und im Winter draußen an die Tür hängen. Oder einem Kind geben, das die im Eis eingeschlossenen Tiere liebend gerne mit dem Hammer befreien wird.

RAKETENBALLON
MIT GEHEIMEN BOTSCHAFTEN

Man schiebt die Botschaft in den Ballon.

Eine ideale Kommunikationstechnik zwischen zwei Hütten – selbst zwischen zwei Baumhäusern.

Für die Antwort sind eine zweite Schnur und ein zweiter Ballon in Gegenrichtung erforderlich.

MATERIAL
LUFTBALLON
KÜCHENGARN
TRINKHALM
MASKING TAPE
BOTSCHAFT AUF EINEM STÜCK PAPIER
KLAMMER ODER KLEMME
SCHERE

UND SO WIRD'S GEMACHT

1 Die fest zusammengerollte Botschaft in den Ballon schieben. Den Ballon aufblasen und mit einer Klammer oder Klemme geschlossen halten, ohne die Öffnung zu verknoten.

2 Sofern es sich um einen Knicktrinkhalm handelt, das geknickte Ende abschneiden, sodass man ein gerades Trinkhalmstück erhält. Das Küchengarn durch den Trinkhalm ziehen. Den Ballon in die Länge ziehen und den Trinkhalm mit zwei Tapestreifen mittig auf der Längsachse befestigen.

3 Das Küchengarn zwischen Absender und Empfänger spannen (wobei die Öffnung des Ballons in Richtung Absender zeigt). Ist das Küchengarn straff gespannt, löst er die Klammer und lässt den Ballon los: Der Ballon saust bis zum Schnurende. Nun kann der Empfänger die Botschaft aus dem Ballon herausziehen und gleich eine Antwort verfassen und zurückschicken.

HÄUSCHEN UNTERM TISCH
AUS EINER PAPIERTISCHDECKE

Schön in Szene gesetzt wird das Haus abends, wenn man eine kleine Leuchte unter den Tisch stellt ...

... vor allem, wenn man Fensteröffnungen geschnitten und Glasscheiben aus Pauspapier hineingeklebt hat.

MATERIAL
TISCH
PAPIERTISCHDECKE VON DER ROLLE
SCHWARZER FILZSTIFT
KLEBEBAND
ROLLMASS
SCHERE

UND SO WIRD'S GEMACHT

1. Die Länge und die Breite des Tisches ausmessen.
2. Die Tischdecke auf diese Maße so zuschneiden, dass drei Tischseiten geschlossen werden.
3. Mit dem Filzstift eine Tür, Fenster und weitere Details nach Lust und Laune aufzeichnen.
4. Die Papierbögen mit Klebeband unter dem Tisch befestigen.

ZWERGENHAUS
AUS EINER PAMPELMUSE

UND SO WIRD'S GEMACHT

1. Ein Viertel der Pampelmuse, das spätere Dach, abschneiden. Das Fruchtfleisch herauslösen.
2. Auch aus der übrigen Pampelmuse das Fruchtfleisch sorgfältig bis auf die weiße Innenhaut herauslösen.
3. Tür und Fenster ausschneiden sowie für den Schornstein in das Dach eine Kerbe schnitzen. Das herausgeschnittene Türmaterial rechteckig zuschneiden und dieses Rechteck in den Schornsteinschlitz stecken.
4. Nun muss nur noch das Dach auf das Häuschen gesetzt werden. Man kann das Zwergenhaus auch auf einem Heizkörper trocknen lassen, damit die Haut hart wird: Es ist dann sehr lange haltbar.

MATERIAL
PAMPELMUSE
KÜCHENMESSER
TEELÖFFEL

Auf die richtigen Proportionen achten: Das kleinere Stück wird zum Dach.

Variante mit Kumquats als Zwergenfamilie.

MÖLKKY®-SPIEL
EIN ZWISCHENDING AUS KEGELN UND BOULE

UND SO WIRD'S GEMACHT

1. Mit der Säge ein 22 cm langes Rundholz und zwölf etwa 15 cm lange Rundhölzer zuschneiden. Sofern die Hölzer keinen stabilen Stand haben, die Schnittflächen nochmals begradigen.
2. Die zwölf Spielhölzer mit Ziffern von 1 bis 12 kennzeichnen; das längere Holz als Wurfholz unbeschriftet lassen.

DIE SPIELREGELN

Das finnische Spiel ist hoch im Trend und wird von mehreren Personen oder auch als Mannschaftsspiel gespielt. Der Strand ist ein ideales Spielfeld, spielen können es Kinder wie Erwachsene.

Die Spielhölzer werden in der auf den Fotos abgebildeten Startaufstellung aufrecht aufgestellt. Die drei Meter von den Hölzern entfernt stehenden Spieler werfen nacheinander das Wurfholz in Richtung der Spielhölzer. Fällt nur ein Holz, erhält der Spieler so viele Punkte wie das jeweilige Holz repräsentiert. Fällt mehr als ein Holz, erhält der Spieler als Punkte die Anzahl der gefallenen Hölzer.

Die Hölzer werden dort wieder aufgestellt, wo ihre Spitze zum Liegen gekommen ist. Im Verlauf des Spiels dehnt sich das Spielfeld also aus.

Gewinner ist derjenige Spieler, der exakt 50 Punkte erreicht. Übersteigt die Punkteaddition die Zahl 50, wird sein Punktestand auf 25 zurückgesetzt. Erzielt ein Spieler dreimal in Folge null Punkte, scheidet er aus.

MATERIAL

RUNDHÖLZER VON 6 CM DURCHMESSER (GESAMTLÄNGE 2 M)
SÄGE ODER KETTENSÄGE
SCHWARZER FILZSTIFT

Erinnerungsfoto vom Strand: Die Spielhölzer des echten Mölkky®-Spiels haben schräge Oberseiten.

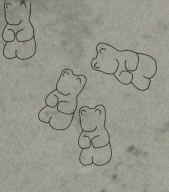

KATAPULT
AUS EISSTIELEN

Geringer Aufwand – stundenlanges Vergnügen.

MATERIAL
ACHT FLACHE HOLZSTÄBCHEN
FÜR SPEISEEIS
SECHS HAUSHALTSGUMMIS
PLASTIKLÖFFELCHEN
GUMMIBÄRCHEN ODER ÄHNLICHES
ALS GESCHOSSE

UND SO WIRD'S GEMACHT

1. Vier Eisstiele an den Enden mit je einem Gummiband zusammenbinden (auf dem Foto die mit den beiden orangefarbenen Gummis).

2. Vier weitere Eisstiele nur an einem Ende mit einem Gummiband zusammenbinden (das blaue im Vordergrund).

3. Zwischen diese Eisstiele die mit den orangefarbenen Gummibändern zusammengebundenen Stiele schieben und den Kreuzungspunkt mit zwei Gummibändern fest zusammenbinden.

4. Das Plastiklöffelchen mit einem Gummiband befestigen. Für den Abschuss eines Gummibärchens drückt man auf die Löffelspitze, hält dabei das Vorderende des Katapults fest und lässt dann los.

DSCHUNGELHÖHLE
AUS KARTONS UND FELSENPAPIER

UND SO WIRD'S GEMACHT

1. Ganze oder zerschnittene Kartons so übereinander anordnen, dass verschiedene Ebenen und auf allen Seiten Öffnungen entstehen.
2. Felsenpapier über das Gebilde legen. Dabei das Papier kräftig zerknüllen, sodass der Eindruck einer Felsenlandschaft entsteht. Das Papier festkleben.
3. In den Samt dort, wo ein Tümpel entstehen soll, ein entsprechend großes Loch schneiden. Dann die Platte mit dem Samt bekleben, um eine Grasfläche darzustellen.
4. Für die Tümpel Alufolie in die Löcher kleben und die Ränder mit Bastelleim bestreichen. Etwas Sand darauf streuen und diesen vorsichtig festtupfen.
5. Die Höhle auf die Platte kleben und die Tiere darauf verteilen.

MATERIAL

GROSSE PLATTE
VERSCHIEDENE ALTE KARTONS
FELSENPAPIER FÜR DEN KRIPPENBAU
SCHERE
GRÜNER SAMT
BASTELLEIM
LEIMPINSEL
FEINER SAND
ALUFOLIE
PLASTIKTIERE

Eine stabilere Höhle erhält man, wenn man sie aus einer hölzernen Weinkiste baut, in die man mit der Stichsäge die Öffnungen schneidet und die man auf der Platte verschraubt. Beim abgebildeten Beispiel wurde es so gemacht.

Darüber hinaus kann die Höhle als Autogarage, Piratennest usw. ihren Dienst leisten.

Der aufgeklebte Sandrand, der den Tümpel aus Alufolie umsäumt, sorgt im Dschungel für einen tollen Effekt.

Experimente
und Zaubereien

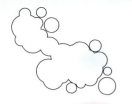

KRATERLANDSCHAFT DES KLEINEN CHEMIKERS
EXPERIMENT MIT NATRIUMBICARBONAT

Die Eruption ist nur von kurzer Dauer, doch für ein Figürchen wirkt sie wie ein Vulkan.

MATERIAL
NATRIUMBICARBONAT (APOTHEKE)
WEISSER ESSIG
VERSCHIEDENFARBIGE TINTEN
PIPETTE (ETWA VON AUSGEDIENTEN NASENTROPFEN)
FLACHE AUFLAUFFORM
MEHRERE GLASSCHÄLCHEN

UND SO WIRD'S GEMACHT

1. Den Essig in die Glasschälchen füllen und jeweils mit einer andersfarbigen Tinte färben.
2. Etwas Natriumbikarbonat in die Form geben.
3. Mit einer Pipette jeweils einige Tropfen des farbigen Essigs darauf tröpfeln und die chemische Reaktion beobachten. Es entstehen schöne kleine Schaumkrater in verschiedenen Farben.

SEIFENEISBERG
AUS DER MIKROWELLE

UND SO WIRD'S GEMACHT

1 Das ausgepackte Seifenstück in die Mikrowelle legen. Für 30 Sekunden die höchste Stufe einschalten.

2 Die Formveränderung beobachten und den Vorgang wiederholen, dabei die Seife während der ganzen Zeit im Auge behalten. Nach etwa anderthalb Minuten hat sich die Seife optimal aufgebläht. Danach besteht die Gefahr, dass sie braun wird und zusammenfällt.

3 Die Seife abkühlen lassen. In wenigen Minuten ist sie hart und der Schaum erstarrt.

MATERIAL
MIKROWELLE
EIN STÜCK WEISSE SEIFE

Die Seife nach 30 Sekunden in der Mikrowelle. Es tut sich was…

Nach einer Minute in der Mikrowelle: Es quillt, es schäumt, es riecht!

Die erstarrte Seife nach anderthalb Minuten in der Mikrowelle. Mehr wäre zu viel des Guten!

ZAUBERKARUSSELL
AUS SCHWEBENDEN STREICHHÖLZERN

*Ein Tipp, falls es nicht hält:
Einen Tropfen Honig
auf die Zündköpfe geben!*

*Wenn es mit vier Zündhölzern
gelingt, kann man es auch
mit sechs, acht, ... versuchen.*

*Der magische Moment:
Alle „Beine" richten sich auf.*

MATERIAL
STREICHHÖLZER
ALUFOLIE

UND SO WIRD'S GEMACHT

1 Den Tisch mit Alufolie abdecken.

2 Ein Streichholz etwas abbrechen und aufrecht mit nach oben gerichtetem Zündkopf in ein Kügelchen aus Alufolie stecken.

3 Vier weitere Streichhölzer in der Form eines Tipis so um das mittige Streichholz stellen, dass alle Zündköpfe einander berühren.

4 Die Zündköpfe anzünden. Beim Brennen richten sich die vier Streichhölzer auf, bis sie nicht mehr die Tischplatte berühren.

FEUER, DAS WASSER TRINKT
ODER DAS EXPERIMENT MIT DEM VERSUNKENEN SCHATZ

MATERIAL
MÜNZE (SCHÖN UND GLÄNZEND)
TIEFER TELLER
SOJASOSSE
 (ODER EINE ANDERE DUNKLE FLÜSSIGKEIT)
TEELICHT
STREICHHOLZ ODER FEUERZEUG
GLAS

UND SO WIRD'S GEMACHT

1. Die Münze in den Teller legen und so viel Sojasoße hineingießen, dass die Münze gerade so bedeckt ist.
2. Das Teelicht in den Soßenspiegel setzen und anzünden.
3. Ein Glas über das Teelicht stülpen: Unter Einwirkung der Hitze (die den Sauerstoff in der Luft verbrennt) wird die Flüssigkeit sofort nach oben gesaugt und die Münze tritt zutage.

Praktisch: Die Sojasauce stellt eine dunkle Sumpflandschaft dar, in der ein Schatz verborgen ist.

Wenn das Glas über das Teelicht gestülpt ist, geht es ganz schnell! Wie wäre ein neuer Versuch mit einem größeren Glas?

Im Glas ist der Flüssigkeitspegel höher als im Teller.

KUNSTSCHNEE
AUS RASIERSCHAUM & MAISSTÄRKE

UND SO WIRD'S GEMACHT

1. Rasierschaum und Maisstärke in einer Salatschüssel mit den Fingerspitzen vermischen, bis eine Masse entsteht, die weder klebrig noch pulvrig ist: Fertig ist der Kunstschnee.

2. Die Masse nun kräftig durchkneten und die Mengen der beiden Zutaten nach Bedarf ergänzen, bis eine glatte Masse entstanden ist: Dieses Mal ist eine sehr feine, weiche Modelliermasse entstanden.

MATERIAL
RASIERSCHAUM
MAISSTÄRKE
GROSSE SALATSCHÜSSEL
KUNSTSTOFFBESCHICHTETE ARBEITSPLATTE

Wie wunderbar sich die Mischung dieser beiden Texturen anfühlt!

Und dann verwandelt sie sich wie durch Zauberhand in Knete.

Aus diesem Kunstschnee wird so feine Knete, dass man sie sogar für Abdrücke von Fingern und Händen oder zarten Blattadern von Blättern verwenden kann.

BESSER ALS KERZEN
FÜR EINEN GEBURTSTAGSKUCHEN

MATERIAL
KUCHEN
STREICHHÖLZER

UND SO WIRD'S GEMACHT

1. Eine Zahl oder einen Buchstaben aus Streichhölzern in den Kuchen stecken. Die Hölzchen müssen aufrecht und dicht und alle auf gleicher Höhe stehen.
2. Die Zahl oder den Buchstaben an einer bestimmten Stelle anzünden (auf dem Foto geschieht dies in der Mitte der 3) und beobachten, wie die Flamme sofort ein Streichholz nach dem anderen entfacht.

Zündet man die 3 in der Mitte an, teilt sich die Flamme in zwei Richtungen.

Je dichter die Streichhölzer stehen, desto schneller lodert es!

Auch nachher sieht's noch schön aus.

DAS EXPERIMENT MIT DEM KOHL, DER SICH VERFÄRBT

MATERIAL
KOHLBLATT
TINTE
WASSER
GLAS

UND SO WIRD'S GEMACHT

1. Das Kohlblatt am Strunkende in ein Glas stellen, in dem sich mit Tinte gefärbtes Wasser befindet. Abwarten.
2. Das Blatt saugt die Flüssigkeit auf und verfärbt sich allmählich. Nach einigen Tagen ist das Ergebnis noch deutlicher.

Am Anfang war es keineswegs Rotkohl, sondern Wirsing!

Wie man Eigelb und Eiweiss mithilfe einer Flasche trennt

MATERIAL
ZWEI EIER
ZWEI SCHÜSSELN
KLEINE LEERE PLASTIKFLASCHE

1. Die Eier in einer Schüssel so aufschlagen, dass die Eigelbe ganz bleiben.

2. Die leere Flasche über ein Eigelb halten.

3 Die Luft aus der Flasche drücken und gleichzeitig das Eigelb ansaugen.

4 Das Eigelb wird von der Flasche wie von einer Spritze hochgezogen.

5 Die Flasche neigen, sodass nur das Eigelb in der Flasche verbleibt.

6 Das Eigelb in die zweite Schüssel gleiten lassen und den Vorgang wiederholen.

CLEMENTINENKERZE
OHNE DOCHT, OHNE WACHS, ABER MIT DUFT

UND SO WIRD'S GEMACHT

1. Die Clementine in der Mitte rundherum einkerben, jedoch nur so tief wie die Schale dick ist.
2. Vorsichtig das Fruchtfleisch herauslösen, ohne die beiden Halbschalen zu beschädigen.
3. In einer der beiden Hälften befindet sich ein kleiner weißer Stängel aus weißer Haut, der als Docht dienen wird. So viel Olivenöl in die Schalenhälfte tröpfeln, dass der „Docht" und der Schalenboden mit Öl getränkt sind.
4. Mittig in die andere Schalenhälfte ein Loch stechen; es befindet sich über dem Dochtstängel. Das Loch kann rund oder sternförmig gestaltet werden.
5. Nun muss nur noch der Docht angezündet und die Deckelschale auf die Unterschale gesetzt werden. Wenn die Flamme schwächelt, einfach neues Öl in die Schale tröpfeln.

MATERIAL
CLEMENTINE
OLIVENÖL
KÜCHENMESSER
STREICHHÖLZER

Und essen kann man's auch noch!

PLAYMOBIL®-EISLUTSCHER
MIT HAND UND FUSS

MATERIAL
EISFÖRMCHEN
PLAYMOBIL®-FIGUREN
GETRÄNKE
   (FRUCHTSAFT, MILCH, SODAWASSER,
   WASSER UND SIRUP …)

UND SO WIRD'S GEMACHT

1. Die Figuren gut abspülen und kopfüber so in die Eisförmchen stecken, dass die Beine herausschauen (sie müssten von selbst halten).
2. Die Förmchen mit kalten Getränken auffüllen und in den Gefrierschrank stellen.
3. Mindestens vier Stunden lang gefrieren lassen, dann das Eis aus den Förmchen nehmen; die Förmchen eventuell unter heißes Wasser halten. Schnell verspeisen … sonst meinen die Kinder noch, dass die Playmobil®-Figuren Pipi machen!

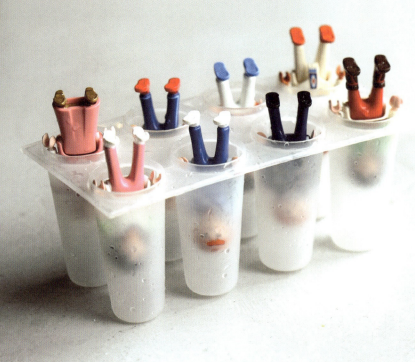

PFANNKUCHEN MIT HONIG ...
UND BIENEN

ZUTATEN
3 EIER
200 GRAMM WEIZENMEHL
¼ LITER MILCH
2 ESSLÖFFEL ZUCKER
½ PÄCKCHEN BACKPULVER
TRINKSCHOKOLADENPULVER
HONIG
ÖL ODER BUTTER (ZUM AUSBACKEN IN DER PFANNE)

UND SO WIRD'S GEMACHT

1. Die Eiweiße von den Eigelben trennen und steif schlagen.
2. Eigelb, Zucker, Mehl und Backpulver in einer anderen Schale vermischen. Nach und nach die Milch und zum Schluss den Eischnee unterheben.
3. Von der Masse einige Esslöffel Teig abnehmen und in einer Schale mit Trinkschokoladenpulver dunkel färben.
4. In der gefetteten, erhitzten Pfanne mit dem dunklen Teig mithilfe einer Pipette die Umrisse und Streifen von Bienen zeichnen. Kurz backen lassen.
5. Den hellen Teig auf einen Teelöffel geben und die dunklen Konturen damit ausfüllen.
6. Sobald der Teig Blasen wirft, die Bienenfiguren wenden und kurz auf dieser Seite backen.
7. Nun aus dem hellem Teig unterschiedlich große runde und sichelförmige Pfannkuchen backen und zu einem Bienenkorb übereinanderschichten. Mit Honig servieren.

Der Trick besteht darin, für die dünnen Linien eine Pipette zu verwenden.

Und vor allem in zwei Phasen zu backen: erst den dunklen Teig, dann den hellen.

Schokocroissants
in fünf Minuten gerollt

ZUTATEN
EINE PACKUNG RUNDER FERTIGBLÄTTERTEIG
SCHOKOAUFSTRICH

UND SO WIRD'S GEMACHT

1. Den Blätterteig entrollen und in 16 gleiche Teile schneiden.
2. Die Dreiecke mit dem Schokoaufstrich bestreichen.
3. Die Dreiecke bis zur Spitze aufrollen und sichelförmig auseinanderziehen.
4. Die Croissants bei 180 °C ungefähr 15 Minuten lang backen und aufpassen, dass sie nicht zu braun werden.

COCKTAILDEKO AUS APFELSCHNITZEN
HAPPY HOUR FÜR DREIKÄSEHOCHS

Aus einem Apfel bekommt man vier große Blätter.

MATERIAL
GRÜNER APFEL
ROTER APFEL
SCHARFES KLEINES KÜCHENMESSER

UND SO WIRD'S GEMACHT

1. Für das große grüne Blatt aus dem grünen Apfel seitlich eine kleine schräge Kerbe ausschneiden.
2. Parallel zur ersten Aushöhlung zwei längere, möglichst schmale Kerben schneiden und in dieser Weise fortfahren.
3. Nun braucht man nur noch die Scheiben versetzt übereinander zu schieben. Dank des im Apfel enthaltenen Pektins kleben die Scheiben fest aneinander.
4. Für die Blüte aus dem roten Apfel rund um den Stiel kleine Kerben ausschneiden.
5. Das obere Apfeldrittel horizontal abschneiden und um die Kerben Blütenblattkonturen schneiden.

Schöner und ausgefallener ist die Blüte, wenn man einen Apfel mit Stiel verwendet.

KLÖSSCHENWALD
MIT ÜBERRASCHUNGSFÜLLUNGEN

ZUTATEN
FRISCHKÄSE, NATUR
KIRSCHTOMATEN
WEINTRAUBEN
OLIVEN
GEWÜRZE
FRISCH GEHACKTE KRÄUTER
ESSBARE SAMEN
  (SESAM, MOHN, LEINSAMEN …)
KLEINE ZWEIGE

UND SO WIRD'S GEMACHT

1. Die Kirschtomaten, die Weintrauben und die Oliven mit Frischkäse umhüllen.
2. Die Bällchen wahlweise in Gewürzen, frisch gehackten Kräutern oder Samen wälzen.
3. Jeweils einen kleinen Zweig hineinstecken und den Klößchenwald als kleine Vorspeise oder auf dem Buffet servieren.

CRACKERLANDSCHAFT
ZUM SELBER-ZERBRECHEN

Die Landschaft vor dem Backen. Nachher holt man den Hammer heraus!

ZUTATEN
EIN BUND FRISCHES BASILIKUM
2 TASSEN MEHL
1 TASSE CRÈME FRAÎCHE MIT
  HOHEM FETTGEHALT
15 GRAMM BUTTER
1 TEELÖFFEL ZUCKER
SALZ
KREUZKÜMMEL
ETWAS MILCH

UND SO WIRD'S GEMACHT

1. Die Butter aus dem Kühlschrank nehmen, damit sie weich wird. Den Backofen auf 180 °C vorheizen.

2. Für die Landschaft die schönsten Basilikumblätter heraussuchen und mit Stängeln belassen. Das restliche Basilikum kleinhacken.

3. Mehl, Crème fraîche, Butter, Zucker, gehacktes Basilikum, Salz und Kreuzkümmel in einer Salatschüssel mischen. Durchkneten, bis ein glatter Teig entsteht und zu einer Kugel formen.

4. Den Teig auf Backpapier möglichst dünn ausrollen und mit einem Pinsel oder dem Finger mit etwas Milch bestreichen.

5. Auf dem Teig die zurückbehaltenen Basilikumstängel und -blätter zu einem Strauß oder einer Landschaft arrangieren. Dank der Milch halten sie gut.

6. Etwa 15 Minuten lang backen. Aufpassen und sowie die Ränder braun werden, das Gebäck aus dem Ofen nehmen.

7. Abkühlen lassen und servieren. Die Gäste dürfen sich die Cracker-Stücke dann selber abbrechen.

KÄSELUTSCHER
GARANTIERT ZUCKERFREI

ZUTATEN
VERSCHIEDENE KÄSESORTEN
 (PARMESAN, GRUYÈRE, COMTÉ, GOUDA, MOZZARELLA …)
KRÄUTER, GEWÜRZE, SAMEN …
HOLZSPIESSCHEN ODER EISSTIELE

UND SO WIRD'S GEMACHT

1 Geriebenen oder in Streifen geschnittenen Käse als kleine Käseinseln in eine Pfanne setzen.

2 Mit Kräutern, Gewürzen oder Samen verzieren und Spießchen oder Eisstiele hineindrücken.

3 Schmelzen lassen. Die Lutscher abkühlen und erstarren lassen und erst dann aufrecht präsentieren.

Mobile aus Käsespitze, das man ohne Anfassen isst

ZUTATEN & MATERIAL
EINE ROLLE MÜRBTEIG
REIBEKÄSE
GEWÜRZE NACH WAHL
BACKPAPIER
GARN
AST

UND SO WIRD'S GEMACHT

1. Aus Mürbteig kleine runde und viereckige Rahmen herstellen und auf Backpapier legen.
2. Mit etwas Reibekäse und Gewürzen nach Wahl bestreuen.
3. Im Ofen bei 180 °C etwa zehn Minuten lang backen.
4. Das gebackene und abgekühlte Gebäck als Anhänger mit Garn an einen aufgehängten Ast binden. (Achtung: Bei dem abgebildeten Mobile wurde sehr feiner Draht verwendet, der für Kindermünder jedoch gefährlich sein kann!)

FAMILIE BABYBEL®
ODER ESSBARE KUNSTWERKE

MATERIAL
MINI BABYBELS®
SCHWARZER SESAM
SCHWARZER TRINKHALM
SCHERE
PRÄZISIONSCUTTER

UND SO WIRD'S GEMACHT

1. Den Trinkhalm in Ringe schneiden; diese dienen als Augenkonturen.
2. Den Paraffinüberzug mit dem Cutter in Form schneiden.
3. Sesam und Trinkhalmringe als Augen eindrücken.

Babymädchen

Babykäfer

Babyhelm

EXPERIMENT
mit Spaghettiwürstchen

ZUTATEN
SPAGHETTI
WÜRSTCHEN
TOPF MIT WASSER

UND SO WIRD'S GEMACHT

1 Ganze Würstchen und Würstchenstücke mit den ungekochten Spaghetti durchbohren.

2 Die Gebilde in Wasser kochen, bis die Nudeln bissfest sind.

3 Abgießen. Die Würstchen sind nun auf die Spaghetti gefädelt wie Perlen auf eine Schnur.

KUCHENBURG
ALS SCHOKOVARIANTE

MATERIAL
DREI ETWA 20 × 20 CM GROSSE SCHOKOKUCHEN
48 RUNDE SCHOKODOPPELKEKSE
5 SCHOKOSTICKS
½ TAFEL SCHOKOLADE
BUNTE SCHOKODRAGÉES
ZAHNSTOCHER

UND SO WIRD'S GEMACHT

1. Zwei Kuchen halbieren, sodass sie die vier Mauern ergeben. Aus dem dritten Kuchen Vierecke schneiden, die die Zinnen darstellen. Diese mit Zahnstochern auf den Mauern befestigen.

2. In eine der Mauern eine Torform schneiden und in die Öffnung drei Schokosticks als Fallgitter stecken.

3. Die vier Mauern aufstellen und an den vier Ecken die Doppelkeks-Rundtürme aufstapeln. Die Schokoladentafel als Zugbrückenklappe sowie zwei Schokosticks als Zugketten anordnen. In den Burghof die bunten Dragées füllen.

MONDKUCHEN
MIT LITSCHI-KRATERN

UND SO WIRD'S GEMACHT

1. Wer eine Metallschüssel oder eine hitzebeständige Glasschüssel verwendet, legt sie mit Alufolie aus, damit sich der Kuchen leicht aus der Form lösen lässt (Backpapier ist für Kugelformen nicht so gut geeignet).

2. Den Kuchenteig nach dem gewählten Rezept anrühren; es muss sich um einen Teig handeln, der aufgeht. Auch eine Fertigbackmischung ist gut geeignet. Den Teig in die Form füllen und im Backofen backen. Den Kuchen nach dem Backen aus der Form nehmen, stürzen und vollständig abkühlen lassen.

3. Frischkäse, Zitronensaft und Puderzucker vermischen und als Guss über dem Kuchen verteilen.

4. Mit dem Korken Löcher in den Guss stempeln. Man kann auch mit einem Teigschaber unregelmäßige Spitzen hochziehen, wie auf dem Bild im Vordergrund zu sehen ist.

5. Einige Litschis so durchschneiden, dass man einen Ring und zwei gewölbte Enden erhält. Als Krater und Hügel in den Guss drücken. Zum Schluss noch mit kleinen weißen Dragées verzieren (auf dem Foto sind abgeschnittene Enden von Drageestäbchen zu sehen).

MATERIAL & ZUTATEN

HALBKUGELFORM
 (Z.B. EINE METALLSCHÜSSEL)
ALUFOLIE
RÜHRKUCHEN
125 GRAMM FRISCHKÄSE, NATUR
SAFT EINER HALBEN ZITRONE
50 GRAMM PUDERZUCKER
1 DOSE LITSCHIS
KLEINE WEISSE DRAGEES
KORKEN

Zu diesem Kuchen passen Wunderkerzen prima.

Man kann sogar eine Backmischung verwenden.

Gagarin Laika

LAGERFEUERKUCHEN
MIT MÄUSESPECK-GLUT

MATERIAL & ZUTATEN
KUCHEN
MÄUSESPECK
GRISSINISTANGEN
ZUCKER
BACKPAPIER
KIESELSTEINE

UND SO WIRD'S GEMACHT

1. Zur Herstellung des trockenen Karamells den Zucker in eine Pfanne geben. Bei mittlerer Hitze erhitzen, bis der Zucker geschmolzen und goldbraun geworden ist, dabei nicht umrühren.
2. Den geschmolzenen Karamell mit einem biegsamen Teigschaber so auf das Backpapier streichen, dass unregelmäßige Ränder entstehen. Erstarren lassen.
3. Den auf eine Gabel oder einen Bratspieß gespießten Mäusespeck über der Flamme eines Feuers, einer Kerze oder einer Herdplatte eines Gasherds grillen.
4. Die Grissini wie Hölzer eines Lagerfeuers auf dem Kuchen stapeln. Den Mäusespeck als Glut hineinlegen.
5. Die Karamellkunstwerke in Stücke brechen und als Flammen auf den Kuchen setzen.
6. Rings um den Kuchen Kieselsteine legen, damit es wie ein Lagerfeuer aussieht.

Statt den Karamell in der Pfanne herzustellen, kann man auch Karamellbonbons im Ofen schmelzen lassen.

KARAMELLKÄFIGE
ALS TORTENGARNITUR

MATERIAL & ZUTATEN
ZUCKER
PFANNE
GABEL
SCHALE
BACKPAPIER
PLASTIKTIERE

UND SO WIRD'S GEMACHT

1. Zur Herstellung des Karamells den Zucker in eine Pfanne geben. Schmelzen lassen, dabei nicht umrühren.
2. Die umgestülpte Schale mit Backpapier belegen. (Bei einer kleinen Schale reicht es, wenn man sie mit etwas Öl einpinselt.)
3. Eine Gabel in die Karamellmasse tauchen, einzelne Fäden ziehen und kreuz und quer über die Schale ein Karamellgitter formen.
4. Sowie der Karamell trocken ist, das Gitter vorsichtig von der Schale lösen und die Tiere in die Käfige setzen.

KUCHENBERG
MIT BERGSTEIGERN

Wer fertige Brownies kauft, kann gleich die Verpackung verwenden.

MATERIAL
BROWNIES
TRINKSCHOKOLADENPULVER
DÜNNER KARTON
KLEBEBAND
ALUFOLIE
ZAHNSTOCHER
KLEINE PLASTIKSOLDATEN
CUTTER
SCHNUR

UND SO WIRD'S GEMACHT

1 Aus Karton einen (unsymmetrischen) Kegel formen und mit Klebeband zusammenkleben. Den Kegel mit zerknüllter Alufolie umhüllen.

2 Den Kegel insgesamt mit Zahnstochern spicken und von Hand gebrochene (nicht mit dem Messer geschnittene) Browniestücke darauf stecken. Mit Trinkschokoladenpulver bestreuen.

3 Mit dem Cutter die Waffen von den Soldaten abschneiden und immer eine Zweier-Seilschaft bilden, dazu die Schnur um die Taille der Figürchen binden. Die Kletterer und die Sicherer auf dem Berg und am Boden verteilen.

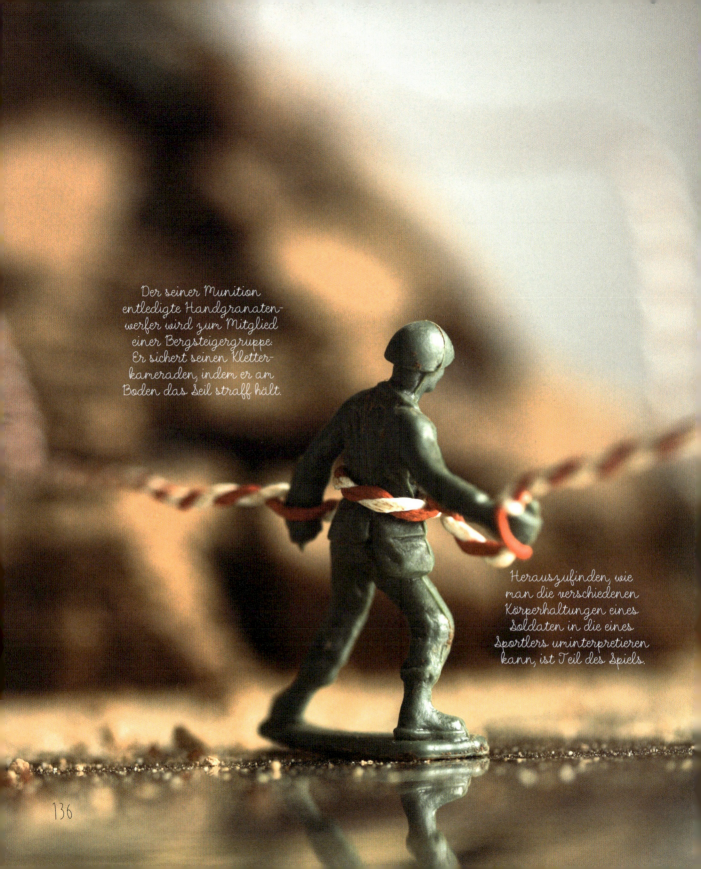

Der seiner Munition entledigte Handgranatenwerfer wird zum Mitglied einer Bergsteigergruppe. Er sichert seinen Kletterkameraden, indem er am Boden das Seil straff hält.

Herauszufinden, wie man die verschiedenen Körperhaltungen eines Soldaten in die eines Sportlers uminterpretieren kann, ist Teil des Spiels.

Hat man sie erst einmal in die Senkrechte gebracht, sind robbende Soldaten die perfekten Bergsteiger.

MONDPHASEN
AUS DOPPELKEKSEN

MATERIAL
SIEBEN SCHOKODOPPELKEKSE MIT WEISSER FÜLLUNG
GLATTES, SPITZES MESSER

UND SO WIRD'S GEMACHT

1. Alle Kekse in zwei Kekshälften trennen, ohne die weiße Füllung zu beschädigen.
2. Eine Kekshälfte ohne Füllung für den Neumond sowie eine Hälfte mit vollständiger Füllung für den Vollmond beiseitelegen.
3. Bei den anderen Kekshälften die Füllungen jeweils in den gewünschten Mondphasenformen abkratzen.

Neumond

letztes Viertel

erstes Viertel

abnehmender Hallbmond

zunehmender Hallbmond

drittes Viertel

zweites Viertel

Vollmond

LITERATURTIPPS

AUCH IN DIESEN BÜCHERN FINDEST DU COOLE PROJEKTE ZUM SELBERMACHEN:

ISBN 978-3-258-60038-3

ISBN 978-3-258-60126-7

ISBN 978-3-258-60103-8

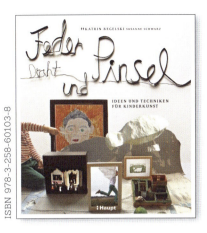

ISBN 978-3-258-60080-2

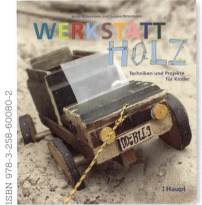

ISBN 978-3-258-60075-8

THEMATISCHES STICHWORTVERZEICHNIS IN AUSZÜGEN

TIERE
- Fliegender Fisch aus keimender Zwiebel, S. 32
- Haifischfedermäppchen, S. 40
- Prähistorischer Ring aus Eis, S. 66
- Dschungelhöhle, S. 78
- Pfannkuchen mit Honig... und Bienen, S. 108
- Karamellkäfig, S. 132

HÄUSER
- Geheimnisvolles Türchen, S. 30
- Brokkoli-Baumhaus, S. 38
- Baumhaus aus Karton, S. 58
- Indianertipi, S. 64
- Häuschen unterm Tisch, S. 70
- Pampelmusenhaus, S. 72
- Kuchenburg als Schokovariante, S. 126

NÄHEN
- Haifischfedermäppchen, S. 40
- Indianertipi, S. 64

MALEN
- Handrelief, S. 10
- Männlein aus Kartoffeln, S. 12
- Babyfotos im Comicstil, S. 18
- Verkleidete Konservendosen, S. 48
- Madeleines aus Wachsmalstiften, S. 60

FEUER
- Leuchtende Eiskugeln, S. 24
- Zauberkarussell aus Streichhölzern, S. 88
- Feuer, das Wasser trinkt, S. 90
- Besser als Kerzen auf einem Kuchen, S. 96
- Clementinenkerze, S. 102
- Lagerfeuerkuchen, S. 130

EIS UND SCHNEE
- Leuchtende Eiskugeln, S. 24
- Prähistorischer Ring aus Eis, S. 66
- Seifeneisberg, S. 86
- Kunstschnee, S. 92
- Playmobil®-Eislutscher, S. 106

HALLOWEEN
- Verkleidete Konservendosen, S. 48
- Gespenst aus gestärktem Mull, S. 50
- Schlangenmensch-Mumie, S. 56

NATUR
- Männlein aus Kartoffeln, S. 12
- Fotos von Spaziergängen, S. 16
- Kokedama, S. 20
- Fliegender Fisch aus keimender Zwiebel, S. 32
- Verfärbter Kohl, S. 98
- Klößchenwald, S. 114
- Cracker-Landschaft, S. 116

ALPHABETISCHES STICHWORTVERZEICHNIS
AUSFÜHRLICH

ABC-Setzkasten aus Joghurtbechern, S. 22
Babybel®, geschnitzt, S. 122
Baumhaus aus Karton, S. 58
Besser als Kerzen für einen Kuchen, S. 96
Brokkoli-Baumhaus, S. 38
Buchversteck, S. 34
Clementinenkerze, S. 102
Cocktaildeko aus Apfelschnitzen, S. 112
Cracker-Landschaft, S. 116
Dschungelhöhle, S. 78
Eigelb und Eiweiß mithilfe einer Flasche trennen, S. 100
Erdnussgeweih, S. 36
Experiment mit dem versunkenen Schatz, S. 90
Experiment mit Natriumbikarbonat, S. 84
Feuer, das Wasser trinkt, S. 90
Fliegender Fisch aus keimender Zwiebel, S. 32
Gespenst aus gestärktem Mull, S. 50
Haifischfedermäppchen, S. 40
Handrelief, gemalt, S. 10
Haus unterm Tisch, S. 70
Indianertipi, S. 64
Karamellkäfige, S. 132
Käselutscher, S. 118
Katapult aus Eisstielen, S. 76
Klößchenwald, S. 114
Kokedama, hängende Gärten, S. 20
Kraterlandschaft des kleinen Chemikers, S. 84
Kuchenberg, S. 134
Kuchenburg, S. 126
Kunstschnee, S. 92

Lagerfeuerkuchen, S. 130
Leuchtende Eiskugeln, S. 24
Madeleines aus Wachsmalstiften, S. 60
Männlein aus Kartoffeln, S. 12
Mobile aus Käsespitze, S. 120
Mölkky®-Spiel, S. 74
Mondkuchen, S. 128
Mondphasen, S. 138
Pfannkuchen mit Honig ... und Bienen, S. 108
Playmobil®-Eislutscher, S. 106
Prähistorischer Ring aus Eis, S. 66
Raketenballon mit geheimen Botschaften, S. 68
Schlagzeug aus Konservendosen, S. 44
Schlangenmensch-Mumie, S. 56
Schokocroissants, S. 110
Seifeneisberg aus der Mikrowelle, S. 86
Setzkasten aus Joghurtbechern, S. 22
Spaghettiwürste, S. 124
Spaziergänge auf Fotos festhalten, S. 16
Sternschachtel aus Cola-Flasche, S. 14
Streichhölzer statt Kerzen, S. 96
Streichhölzer, die sich aufrichten, S. 88
Stühle aus Drahtkörbchen von Sektkorken, S. 42
Traumfänger, S. 46
Türchen, hinter dem sich die Steckdose verbirgt, S. 30
Überarbeitete Fotos, S. 18
Überraschungsdosen, S. 48
Verfärbter Kohl, S. 98
Zwergenhaus aus einer Pampelmuse, S. 72

DANK

Ich danke meinem Sohn **Félix** und meiner Tochter **Avril** für ihre Hilfe und ihren nie endenden Enthusiasmus. Mein Dank geht auch an die anderen Kinder, die posiert haben: **Micha, Aloïs, Raphaël, Simon, Maïa.**
Ich danke meiner Mutter **Bernadette**, die mich in meinem Alter immer noch verblüfft: Das Indianertipi, das Haifischmäppchen, die Dschungelhöhle, die Steckertürchen, das Häuschen unterm Tisch und der ABC-Setzkasten stammen von ihr.
Dank an **Corine**, die mir während des ganzen Projekts geholfen und mich unterstützt hat, die auf den Babyfotos mit **Annas** Hilfe gemalt und die Gespenster und das Baumhaus aus Karton gebastelt hat.
Dank an **Loran**, der das Mölkky®-Spiel und das Erdnussgeweih gefertigt hat und mir bei den Fotos behilflich war.
Dank auch an **Yves** und an **Léa** für ihre Beiträge zu den Aufnahmen.